LES AVENTURIERS DE LA FOI

de Piero Ventura & Gian Paolo Ceserani

Titre original italien :
MOSÈ

Maquette : Atlant'Communication – France, Graphic srl – Milan

ISBN italien : 88-16-57277-9

ISBN français : 2-7067-0419-5
salvator.editions@wanadoo.fr
www.editions-salvator.com

Dépôt légal belge : D/2006/4323/7
ISBN belge : 2-87356-344-3

Piero Ventura & Gian Paolo Ceserani

MOÏSE

avec la collaboration de
Marisa Murgo Ventura

Traduit de l'italien par
Christine Barbacci

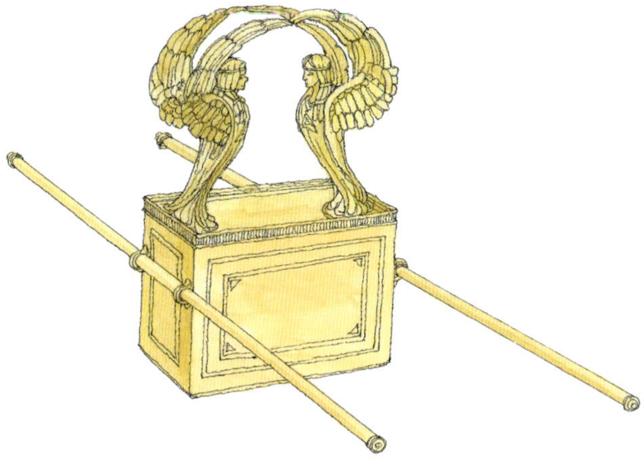

Salvator / *fidélité*

Les fils d'Israël en Égypte

L'histoire juive est étroitement liée à celle de l'Égypte. La Bible raconte qu'un des patriarches, Joseph, fils de Jacob, fut vendu par ses frères, comme esclave, à des marchands qui se rendaient dans ce pays. Néanmoins, l'avenir de Joseph s'annonçait radieux : ayant conquis rapidement richesses et honneurs, il devint un des hommes les plus puissants du pays.

Le souverain, à qui l'on donne le titre de pharaon, voulut que Joseph vint à sa cour. Ce dernier interpréta un de ses rêves et prédit à l'Égypte sept années d'abondance suivies de sept autres de disette. Le pharaon plaça alors Joseph à la tête du pays. Celui-ci réussit à le sauver de la famine.

Ses frères vinrent bientôt le rejoindre, il leur accorda son pardon et les installa sur cette terre. Au cours des siècles, les descendants des douze frères se multiplièrent et formèrent un grand peuple : celui que nous appelons le peuple juif.

Puis les temps changèrent. Un nouveau pharaon monta sur le trône : il craignait que les Juifs, en cas de guerre, ne le trahissent en pactisant avec l'ennemi. Il fit d'eux des esclaves, leur imposant des travaux de plus en plus pénibles.

Un enfant sur l'eau

Les Juifs furent obligés de construire deux villes. Des travaux des champs éreintants leur furent imposés, mais cela n'empêcha pas leur nombre de s'accroître. Aussi lit-on, dans le texte sacré, que « plus on l'accablait [le peuple juif], plus il se multipliait et plus il débordait ».

Le Pharaon prit une grave décision, redoutant l'explosion démographique de ce peuple qui habitait là depuis plus de quatre cents ans. Il fit appeler les sages-femmes juives, qui assistaient les femmes lors des accouchements, et leur ordonna de tuer tout enfant juif de sexe masculin dès la naissance. Mais les sages-femmes eurent peur de la colère de Dieu et n'obéirent pas.

Le roi d'Égypte exigea des explications. Les sages-femmes lui répondirent de façon astucieuse. Les femmes juives, dirent-elles, sont si vigoureuses qu'elles accouchent bien avant notre arrivée !

Le pharaon adopta des mesures encore plus terribles : tout enfant mâle devait être jeté dans le Nil. C'est ainsi que nous entrons dans l'histoire de Moïse. Un jour, la fille du pharaon se rendit au fleuve pour s'y baigner tandis que ses servantes se promenaient le long de la rive. Elle aperçut un panier qui flottait sur le Nil et ordonna qu'on l'attrape. À l'intérieur se trouvait un enfant qui pleurait : c'était le petit Moïse.

Comment une telle chose avait-elle pu se produire ? Une femme juive de la maison de Lévi avait réussi à cacher son nouveau-né jusqu'à l'âge de trois mois. Puis, craignant d'être découverte, elle

l'avait abandonné dans les roseaux, en bordure du fleuve, pendant que Myriam, la sœur de Moïse, montait la garde à distance.

La fille du pharaon comprit que l'enfant était juif mais elle eut pitié de lui. Myriam, qui avait suivi la scène de loin, se précipita afin de proposer une nourrice juive, qui n'était autre que sa propre mère. Lorsqu'il eût grandi, l'enfant fut apporté à la princesse qui lui donna pour nom Moïse, ce qui signifie en hébreu « sauvé des eaux ». Il s'agit là d'un récit étonnant, qui reprend une tradition très ancienne. Nous savons que plus d'un homme de grande valeur (roi, chevalier, prophète) a été sauvé des eaux comme Moïse. Pourquoi cette étrange situation ?

Être sauvé des eaux peut revêtir de nombreuses significations, parmi lesquelles celles du récit du Déluge.

Quoi qu'il en soit, Moïse grandit à la cour d'Égypte jusqu'à ce qu'il devienne l'acteur d'un épisode qui changea sa vie.

Les dix plaies

Avant de le congédier, le Seigneur accomplit un miracle en présence de Moïse. Il lui dit de jeter son bâton à terre et ce dernier se transforma en serpent ! Voilà une preuve, expliqua le Seigneur, afin qu'ils croient que je suis apparu devant toi.

Moïse émit encore une objection : « De grâce, Seigneur ! Je ne suis pas un homme qui sait parler. » Dieu répliqua : « N'y a-t-il pas Aaron, ton frère, le lévite ? Je sais qu'il saura parler, lui. C'est lui qui parlera pour toi au peuple. » À compter de cet instant, ce fut Aaron qui rapporta les paroles que Dieu adressait à Moïse.

Nombreux sont ceux qui se sont demandé ce que cette étrange situation pouvait bien dissimuler. Moïse bégayait-il ? Ou, comme certains le suggèrent, ayant été élevé comme un Égyptien, n'avait-il pas une pratique insuffisante de la langue de ses pères ? Quoi qu'il en soit, Moïse et Aaron se présentèrent devant Pharaon et lui demandèrent de laisser partir le peuple d'Israël.

Comme cela était prévisible, ils essuyèrent un refus. Alors, Moïse jeta son bâton à terre au pied du trône comme le lui avait enseigné le Seigneur. Le bâton se transforma en serpent. Le pharaon convoqua les magiciens d'Égypte qui, avec leurs sortilèges, en firent autant. Le Seigneur parla à Moïse : « Le cœur de Pharaon est appesanti. Prends ton bâton et étends ta main sur les eaux des Égyptiens. » Et l'eau du Nil fut changée en sang ! Les poissons moururent, les Égyptiens n'eurent plus d'eau.

Il s'agit là de la première des célèbres dix plaies d'Égypte. Une fois encore, le pharaon ne céda pas. Il appela de nouveau les magiciens qui purent, toujours grâce à leurs sortilèges, en faire autant. Le Seigneur parla à Moïse : « Rends-toi vers Pharaon ; tu lui diras : Ainsi parle Yahvé : Renvoie mon peuple. Si tu refuses de le renvoyer, voici que moi je vais infester de grenouilles tout le territoire. » C'est ce qui arriva mais cette fois-là également les magiciens firent de même avec leurs artifices.

La Bible raconte les terribles châtiments qui s'abattirent petit à petit sur l'Égypte : les moustiques symbolisèrent la troisième plaie. Cette fois, les magiciens ne furent pas capables de reproduire le miracle. C'est pourquoi ils dirent au souverain : « C'est le doigt de Dieu ! »

Mais le cœur de Pharaon s'endurcit encore : il refusa de laisser partir les Juifs. Le bâton de Moïse frappa de nouveau : les mouches venimeuses apparurent en premier, puis le bétail mourut : les bœufs, les moutons, les ânes, les chevaux et les chameaux. Ce fut la cinquième plaie. La sixième apporta des ulcères qui provoquèrent des pustules aux hommes comme aux bêtes.

Vint la septième plaie avec la grêle, la huitième avec les sauterelles, la neuvième apporta un cortège de ténèbres épaisses qui empêchèrent les hommes de se déplacer pendant trois jours. Une fois de plus, le pharaon refusa.

La dernière plaie fut la plus terrible. Les premiers-nés de chaque espèce vivante moururent. Même le fils du Pharaon fut emporté. Seuls les enfants juifs furent épargnés.

La mer s'ouvre

Certains interprètes ont pensé que les plaies d'Égypte étaient des calamités naturelles qui étaient arrivées à des époques distinctes et qui avaient été réunies dans la Bible. Cependant, la dixième plaie est décrite avec précision : toute famille juive devait sacrifier un agneau. Avec le sang de la bête, elle devait tracer un signe sur la porte de son habitation. Le Seigneur pouvait ainsi reconnaître les familles de son peuple et en épargner les enfants.

Ces événements furent à la base des festivités de la Pâque qui célèbre le départ des Juifs d'Égypte. Les Égyptiens en personne les supplièrent de partir afin d'éviter la colère de leur Dieu. Les Juifs s'exécutèrent, et le Seigneur fit faire à Moïse un long détour à travers le désert, vers la Mer des Roseaux.

Un changement intervint en Égypte. La Cour imagina qu'avec le départ des Juifs, elle n'aurait plus de main-d'œuvre pour ses travaux. Le Pharaon ordonna à l'armée de poursuivre le peuple d'Israël, avec plus de six cents chars de combat.

Lorsque les Juifs virent au loin les Égyptiens, ils furent terrorisés. Ils dirent à Moïse : « Que nous as-tu fait là de nous faire sortir d'Égypte ? Mieux vaut pour nous servir l'Égypte que de mourir au désert. » Mais le Seigneur instruisit Moïse : « Élève ton bâton, étends ta main sur la mer et fends-la. »

Moïse leva son bâton et les eaux s'ouvrirent en permettant au peuple juif de les traverser à pied sec. Les Égyptiens les poursuivirent, mais Moïse étendit encore son bâton et les eaux se refermèrent alors que les chars passaient. De tous les guerriers, dit la Bible, aucun ne survécut.

On s'est toujours demandé où se trouvait cette Mer des Roseaux, sans parvenir à une réponse fiable. De manière conventionnelle, on l'identifie aujourd'hui avec la mer Rouge.

Un récit fondateur

De nombreux Juifs, guidés par Moïse, se mirent en route, à travers le désert, vers la Terre Promise. Moïse était lui-même constamment guidé par le Seigneur.

Ils voyagèrent dans le désert, ils s'arrêtèrent (comme on peut le voir sur l'illustration), ils mangèrent, même s'il n'y avait pas de nourriture, même s'il n'y avait pas d'eau. Dieu leur en procura. Arrivés à Mara, par exemple, ils s'aperçurent que l'eau n'était pas potable. Ils se retournèrent contre Moïse en lui disant : « Que boirons-nous ? » Dieu intervint. Il montra un bout de bois à Moïse, celui-ci le jeta dans l'eau et l'eau devint buvable.

Des archéologues, des historiens et des chercheurs se sont très souvent demandé ce qu'il y avait d'historique dans l'*Exode*. Ils ont petit à petit découvert qu'il n'existait pas de traces vérifiables du trajet et des événements décrits.

Le récit de Moïse, tel qu'il nous a été légué, nous montre un personnage appelé par Dieu pour aider le peuple et que Dieu en personne a choisi, même si nous ne pouvons pas reconstituer avec précision les événements.

Ce récit est important pour la religion et pour la nation juives. Il l'est également pour les Chrétiens et le deviendra pour tous ceux qui rencontreront la Bible.

La Manne

Le Premier Testament utilise des façons de raconter très différentes : poèmes, récits, chroniques historiques, prophéties, lois, etc. Nous n'avons pas toujours la possibilité de vérifier, grâce à des documents, certains faits. Les localités, les villes, les oasis qui sont citées n'existaient pas toujours à l'époque de Moïse. Les auteurs de la Bible ont écrit longtemps après les événements et ils font souvent référence à leur propre époque, même lorsqu'ils mettent en scène le voyage de Moïse et des Israélites. Par exemple, ils évoquent à de nombreuses reprises les chameaux, or ces derniers n'arrivèrent au Proche-Orient que des siècles après l'histoire de l'Exode, si l'on s'en tient aux datations usuelles.

La Bible explique l'alliance entre Dieu et un peuple. Un peuple récalcitrant mais toujours accompagné par Dieu. Les événements sont décrits avec beaucoup de sentiment, une volonté de vérité et une grande précision.

Le peuple juif, par exemple, commença, après deux mois de voyage, à souffrir de la faim. Il dit à Moïse et à son frère : « Que ne sommes-nous

morts de la main du Seigneur dans le pays d'Égypte ? Pourquoi nous avez-vous fait sortir vers ce désert pour faire mourir de faim toute cette assemblée ? » Le Seigneur parla alors à Moïse : « Voici que du ciel je vais faire pleuvoir pour vous du pain. » Dieu apparut dans la Nuée et, le matin suivant, le terrain était comme recouvert de rosée.

Voici les mots de la Bible : « Lorsque la couche de rosée se fut élevée, voici qu'à la surface du désert il y avait quelque chose de menu, de granuleux, de menu comme le givre, sur la terre. » Les Juifs n'avaient jamais rien vu de semblable. Ils se dirent les uns aux autres : « Qu'est-ce que cela ? » Cette expression se dit en hébreu *ma nou* ? C'est pourquoi ce don si étrange du Seigneur, une nourriture littéralement tombée du ciel, a été appelé *manne.*

Dieu donna des instructions précises : chacun devait prendre la portion de manne adaptée à ses besoins et ne devait pas en conserver. Ceux qui le firent s'aperçurent que celle-ci, le lendemain, était devenue infecte. Chaque jour, la manne apparaissait. Il n'y avait que le vendredi où les Juifs étaient autorisés à se servir une double portion : le samedi étant le jour du repos, la manne recueillie se conservait parfaitement.

Les Dix Paroles

Le troisième mois de la sortie d'Égypte, les Juifs arrivèrent dans le désert du Sinaï où ils campèrent. Dieu appela Moïse du sommet de la montagne et lui dit que si le peuple d'Israël écoutait toujours sa voix, il deviendrait une nation sainte. Moïse rapporta ces propos. Le peuple accepta le pacte de l'alliance.

Le Seigneur descendit sur la montagne qui se couvrit de fumée et trembla ; alors Dieu donna à Moïse sa loi que l'on connaît sous le nom des Dix Paroles. Sa première parole fut : « Moi, Yahvé, je suis ton Dieu. Tu n'auras pas d'autres dieux en dehors de moi. » Le Seigneur donna à Moïse d'autres lois, plus précises concernant la construction des autels, les esclaves, les offenses aux personnes, la propriété, les fêtes. Puis, Dieu dit à Moïse : « Monte vers moi à la montagne et restes-y ; je veux te donner les tables de pierre, la Loi et les Commandements que j'ai écrits pour les instruire. »

Moïse resta quarante jours et quarante nuits sur la montagne. Seul Josué l'attendit à une certaine hauteur. Comme il tardait à descendre, le peuple se rassembla autour d'Aaron et lui demanda de réaliser une statue des anciens dieux, car ils n'espéraient plus le retour de Moïse. Ils construisirent un veau, symbole des anciennes religions, en fondant les bagues et les boucles d'oreille en or des femmes.

Dieu dit alors à Moïse de descendre parce que les Israélites n'avaient pas tenu la promesse de l'adorer comme unique Dieu. Moïse implora le Seigneur de ne pas punir son peuple. Lorsqu'il descendit dans le campement, il s'aperçut que tous chantaient et dansaient autour de l'idole. Il avait avec lui deux tables de pierre, écrites par Dieu sur les deux faces, ainsi que le précise la Bible. Moïse s'enflamma de colère, il brisa les tables, prit le veau et le brûla.

Cet incident ne gâta pas les relations de Dieu et des Israélites. Le Seigneur leur accorda son pardon et les guida sur la terre où ils allaient s'établir. Ces pages de la Bible, en dépit de leur caractère dramatique, disent que le rapport entre Dieu et Moïse ne s'altéra jamais. Dieu ne perdit jamais confiance en lui.

L'Arche de l'Alliance

Dans le livre de l'Exode, on trouve de nombreux passages mystérieux. Cependant, il n'existe guère d'objets qui aient autant fasciné l'humanité, pendant des siècles, que l'arche. De nos jours, l'intérêt s'en est encore accru. Voici ce que dit la Bible : « Ils feront une arche en bois d'acacia : de deux coudées et demie sera sa longueur, d'une coudée et demie sa largeur, et d'une coudée et demie sa hauteur. Tu la recouvriras d'or pur, à l'intérieur et à l'extérieur, et tu feras sur elle une moulure d'or, tout autour. »

Les indications sont très précises : les Israélites devaient fabriquer quatre anneaux d'or et en fixer deux d'un côté puis deux de l'autre ; les anneaux d'or devaient soutenir les barres, qui devaient être également plaquées d'or, avec lesquelles l'arche devait être transportée. L'arche pourrait être protégée par le Tabernacle, réalisé à l'aide de trois épaisseurs de tissu de lin de pourpre violette et écarlate, suspendues à quatre colonnes d'acacia plaquées d'or.

Les premières discussions concernent les mesures de l'arche. Dès l'instant où nous ne savons pas à quoi correspond exactement une coudée, les estimations vont de la dimension maximale de 140 × 84 × 84 centimètres à celle plus petite d'environ 1 mètre par 68 centimètres.

À quoi servait l'arche ? Le Seigneur dit à Moïse : « Tu placeras dans l'arche le Témoignage que je te donnerai », c'est-à-dire les Tables de la Loi. C'est pourquoi l'arche était vénérée. On l'évoque comme « l'Arche de l'Alliance » parce qu'elle symbolise le lien entre Dieu et son peuple car elle contenait les Tables de la Loi. L'arche était le signe de l'unité du peuple, elle garantissait que le peuple respectait la Loi que Dieu lui avait donnée. Avec l'arche, Dieu manifestait en permanence sa présence à son peuple.

Mais l'arche avait d'autres emplois. Les Juifs l'utilisaient également, lors des batailles, pour protéger ceux qui livraient le combat. Ses pouvoirs étaient craints de tous : lorsqu'une tribu ennemie la vola, elle dut immédiatement la restituer en raison des catastrophes qui s'abattirent sur les ravisseurs. Seul le grand prêtre, revêtu de parures spéciales, pouvait entrer dans l'espace où elle était gardée.

L'arche, après de nombreux déplacements, fut transportée par le roi David à Jérusalem. Par la suite, Salomon la plaça dans le lieu que l'on nomme le Saint des Saints à l'intérieur du Temple.

Avec la destruction du Temple en 587 avant la venue du Christ, on perdit la trace de l'arche que l'on considéra comme ayant été détruite.

Dans le désert

Le peuple d'Israël, dit la Bible, voyagea dans le désert pendant quarante années. Il s'agit là d'un chiffre probablement excessif qui revêt uniquement une signification symbolique. Dieu indiquait le chemin. De jour, la nuée couvrait le Tabernacle. De nuit, elle prenait l'apparence d'un feu.

Lorsque la nuée s'élevait, les Israélites levaient le camp et la suivaient. Lorsqu'elle s'arrêtait, ils faisaient de même tout le temps où elle restait immobile. Parfois, la halte durait une seule journée, parfois des semaines voire un mois ou – comme le précise la Bible – une année entière.

Le séjour dans ce lieu austère qu'est le désert nous apparaît comme le temps de la fidélité à Dieu. Quoi qu'il en soit, le chemin fut très long, ce qui explique les nombreux épisodes d'intolérance et de rébellion, causés par de graves privations. Mais la foi dans la parole du Seigneur ne fit jamais défaut à Moïse.

Quel fut le chemin suivi par le peuple d'Israël ? Selon la Bible, pour se rendre d'Égypte au pays de Canaan, leur destination, ils ne prirent pas la route la plus courte. On signale des étapes de cet itinéraire : du Sinaï à Kadès, de Kadès aux steppes de Moab puis l'arrivée en Canaan.

Nous avons fait remarquer que ces localités, au temps de Moïse, n'étaient pas identifiées : les auteurs de la Bible, quelques siècles plus tard,

utilisèrent les noms connus à leur époque. La Bible contient des traditions différentes ; elle ne fut pas, par ailleurs, composée d'un seul trait, ce qui explique les répétitions ou les contradictions ici ou là.

Le voyage dans le désert est un enseignement religieux continuel. Dieu jette les bases des rituels qui devaient apprendre à son peuple à vivre dans l'alliance et l'amitié avec Lui. Moïse ne cessera pas de le rappeler jusqu'à sa mort. Les grandes fêtes de la religion juive, comme le jour du Shabbat, la Pâque, la Pentecôte, le jour de l'An, sont liées à l'Exode. Mais, en s'approchant de Canaan, la voix de Dieu se fit plus dure parce que le peuple oubliait son aide. Dieu les aidait même lors des batailles, contre les royaumes qui leur barraient la route. C'est pourquoi la Bible parle du « Dieu qui accompagne les armées » mais elle dit aussi que Dieu mettra « fin aux combats jusqu'au bout de la terre ».

Le serpent d'airain

Le Seigneur demanda à Moïse d'envoyer des explorateurs sur la terre de Canaan qu'il avait promise à Israël. De retour, les explorateurs dirent que la terre était fertile, pour preuve ils en montrèrent les fruits. Ils ajoutèrent que les peuples qui habitaient cette terre étaient vraiment très forts. Comment allaient-ils pouvoir les battre ?

Le peuple commença à se lamenter : « Que ne sommes-nous morts au pays d'Égypte, ou que ne sommes-nous morts dans ce désert ? Pourquoi donc Yahvé nous fait-il entrer dans ce pays pour tomber par le glaive, tandis que nos femmes et nos enfants deviendront un butin ? » Le Seigneur les entendit et les menaça d'un châtiment : ceux qui n'avaient pas confiance n'entreraient pas en Terre Promise. Les Israélites le regrettèrent.

Parfois, dans le récit, nous ressentons avec netteté les difficultés rencontrées ou le désespoir qui frappe si souvent le peuple juif.

Un autre épisode se déroula alors qu'ils approchaient des terres du roi d'Édom. Moïse demanda l'autorisation de traverser le pays, en promettant que personne ne toucherait aux champs ni aux vignes, ni ne boirait aux puits. Le roi refusa le passage, et le peuple d'Israël dut modifier son parcours en empruntant un chemin plus long.

Encore une fois, les Israélites perdirent patience. Ils commencèrent à invectiver Dieu et Moïse. Le Seigneur envoya, pour les punir, des serpents venimeux, si bien qu'un grand nombre d'entre eux mourut. Moïse demanda à Dieu de leur pardonner. Dieu répondit : « Fais-toi un [serpent] brûlant et mets-le sur une hampe ; quiconque aura été mordu et le regardera, restera en vie. »

Moïse façonna un serpent d'airain et ce que Dieu avait prédit arriva.

EN GUERRE

Finalement, le peuple d'Israël arriva, après trente-huit années de route à travers le désert du Sinaï, à proximité de la Terre Promise. Cependant, il était encore loin du fleuve Jourdain.

Le Seigneur prescrit à Moïse de ne pas passer par les terres de Moab et d'Ammon. Mais l'affrontement avec Sihon, roi des Amorites, fut inévitable parce qu'il ne concédait pas le droit de passage aux Israélites.

La bataille tournera en faveur des Juifs qui pourront continuer à se rapprocher de la Terre Promise.

La Terre promise

Des années auparavant, durant la traversée du désert du Sinaï, Moïse avait douté de la parole du Seigneur qui lui avait promis de faire jaillir de l'eau du rocher, afin de désaltérer le peuple assoiffé.

En dépit des doutes de Moïse, le Seigneur fit jaillir l'eau mais il dit à Moïse qu'il n'accompagnerait pas le peuple en Terre Promise, au-delà du Jourdain.

Désormais, Moïse savait qu'il touchait à sa fin. Cependant, avant de franchir le Jourdain, les Israélites devaient encore combattre contre Og, roi de Bashan, et contre ses villes.

Nous ne savons pas en réalité combien de ces villes étaient fortifiées. Nous ignorons tout également de celles situées au-delà du Jourdain, conquises par Josué. C'est d'ailleurs ce dernier que Moïse était sur le point de nommer comme son successeur. Il est certain que les Israélites devaient se sentir protégés par le Seigneur pour parvenir à triompher de tant de villes qui apparaissaient comme hostiles.

Une fois les Amorites et les villes de Bashan vaincus, Moïse commença à distribuer les terres à l'Est du Jourdain à trois des douze tribus d'Israël.

Même s'il n'était pas encore entré en Terre Promise, au-delà du Jourdain, le peuple des Israélites avait commencé à s'établir en Transjordanie.

La gloire de Moïse

La Bible raconte avec précision la fin de Moïse. Il donna ses derniers avertissements aux Israélites. Puis, le Seigneur lui dit de monter sur le mont Nébo, face à Jéricho, et de regarder au loin la terre de Canaan qu'il allait donner aux enfants d'Israël. Moïse mourut sur le mont Nébo en sachant que son peuple allait entrer en Terre Promise.

Personne n'a jamais su où se trouvait la sépulture de Moïse. Il avait cent vingt ans, indique également le texte sacré, néanmoins sa vue était toujours aussi perçante et il était resté vigoureux.

Il mourut il y a plus de trois millénaires, mais il a continué de vivre à nos côtés, tout d'abord dans le cœur de la religion juive et chrétienne mais également dans celui de l'islam.

Le personnage de Moïse nous apprend combien il est profitable pour l'homme de ne pas oublier ce que Dieu a fait pour lui.

Sa figure légendaire a été évoquée sous toutes les formes possibles, des mosaïques aux miniatures, des fresques à la sculpture, des livres aux films en passant par des téléfilms. Le Moïse le plus célèbre se trouve probablement à Rome, on le voit sur l'illustration : il s'agit de celui de Michel-Ange, que des millions de visiteurs ont admiré dans l'église Saint-Pierre aux Liens.